JN079997

健康ハッピーシリーズ

上手に使って病気を防ごう！

スマホとゲーム障害

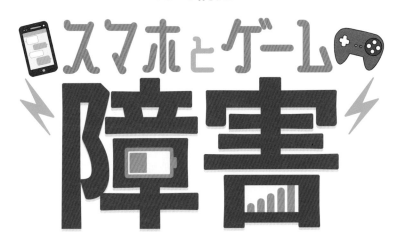

吉村小児科　院長

内海 裕美

はじめに

　この本は、小学生、中学生、高校生のことを思って発行されました。

　みなさんは、小学校に入学する前からスマートフォン（スマホ）、タブレット、パソコンなどで、ゲームをしたり動画をみたり、インターネット（ネット）を使った通信などになれ親しんできたことでしょう。現在も、調べ物をしたり、SNSでおしゃべりをしたり、多くの情報をネットから得ていると思います。まわりの大人も同じように使っています。便利で楽しい道具であることはまちがいありません。

　お父さんやお母さんが、いつもスマホばかりみていて自分の相手をしてくれない、話を聞いてくれないと感じたことはありませんか？　自分で使っていて、あっという間に時間がたってしまった経験は？　SNSで友人にいやな思いをさせられた、あるいはさせてしまったということはありませんか？　ネットで好きな動画をみていたり、ゲームをしていたりするときは楽しいけれど、やめるとイライラすることはありませんか？　朝起きられない、目がつかれる、頭が痛いなどの症状は出ていませんか？

　おいしいお菓子も、どんなにバランスのよい食事でも、勉強でも課外活動でも、食べすぎ、やりすぎは体と心の健康によくないように、スマホやタブレットなども使いすぎることでおかしいと感じたり、具合が悪くなったり、生活が乱れたりするのは問題です。

生まれたての赤ちゃんはもちろん、小学生、中学生、高校生くらいまでは、体と心の成長が著しい時期で、健康で楽しく生きるためには、毎日のよい生活の積み重ねが必要なのです。よい生活というのは、早起き・早寝、きちんと食べる、体を使う、自分で考える、自分を好きになる、まわりの人とうまくすごすことを学ぶという生活です。将来の夢はありますか？ 5年後、10年後、20年後の自分を想像してみましょう。 多くの情報や知識があふれている時代の中で、それらを受け取るだけではなく、体を使って感じ、考え、行動して、自分の行動に責任をとることを学びながら、すてきな大人になってほしいと心から願っています。

吉村小児科 院長　内海 裕美

目　次

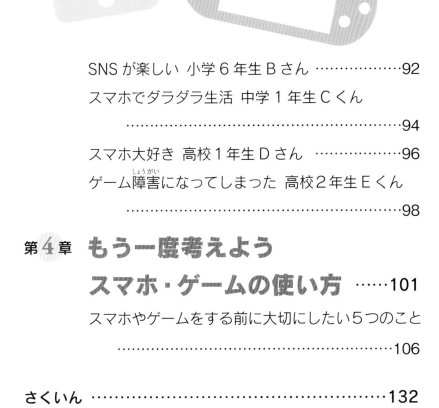

※この本では、「スマートフォン」を「スマホ」、「インターネット」を「ネット」、
　LINE、Twitter、Instagram などの「ソーシャル・ネットワーキング・サービス」を
　「SNS」と呼んでいます。

第1章

スマホや
ゲームって
楽しい？

スマホやゲーム機で なにをしているの？

わからない ことを 調べている‼

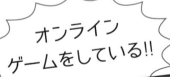

オンライン ゲームをしている‼

え〜っと ……

勉強するとき、 音楽をきいている

動画 みているよ！

YouTube TikTok ♪

おもしろそうな ページをみている

※ SNS（エスエヌエス／ソーシャル・ネットワーキング・サービス）とは、人と人との
つながりをつくるサービス。LINE・Twitter・Instagram などのアプリが代表的です。

スマホやゲームをしているときは
どんな感じ？

楽しい！ ゲームがたくさんある

わくわくする！

LINE 大好き！ 会わなくても話をしているみたい

ずーっとやりとりできる

写真を撮るのが**おもしろい！** アプリの加工も**楽しい!!**

便利！ クラスのグループ LINE で明日の持ち物や

時間割り・宿題も聞けちゃう

好きなアイドルがなにをしているのか

気になるからチェックする

YouTube は時間がすぐすぎる！　ずっとみちゃう

わからないこともすぐにネットで調べられる

オンラインゲームをもっとやりたい

ゲームの動画も楽しい

遊ぶ約束も**簡単（かんたん）**にできる

会わなくても友達がそばにいるみたい

だからさびしくない

うわ〜。
みんなスマホを使い
こなしているね

これじゃあ
スマホがないとどう
なるんだろう……

どうして
スマホやゲームをするの？

気分転かんになる

みんながやっているから

話題についていける！

いやなことがわすれられる

スカッとする

やらなくちゃいけないことを後回しにできる

話が合う人と**つながれる**から

ゲームの中では生きている！ って感じがする

やればやるだけ強くなれるし、かっこいいし

好きなことだけ話していればいいから

終わりがないから

でも、
そればっかりじゃ
ダメなんだ

え？
どうして……

知っている？ オンラインゲームを
やめられない人が多いのはどうして？

やめられない理由

その1 最初は無料で
遊べる

その2 ゲームの中で勝ちぬくと
ぼくがヒーローだ！！
（現実ではそうでもないけど）

その3

通知が来て開くと、
コインや、レアな
アイテムなどが
もらえる

その4 ネットでつながっている友達
と同時にゲームができる

14

その5

クリアが楽しい

その6

やればやるだけ、
どんどん強くなって
自分の好きなタイプの
キャラクターになっていく

その7

クリアしても、
終わりがない、
ゲームの内容（ストーリー）が
続く

※アプリの種類により、ちがうものもあります。

15

大丈夫かな？ ゲームやSNSばかり やっていると……

目が悪くなる

睡眠時間が不足する

寝る時間が遅くなる

家族と話をしなくなる

勉強をしたくなくなることも……

授業に集中できなくなる

ゲームや
SNSのことばっかり
考えちゃうな

外で遊ぶのが
めんどうくさくなる

時間があるとすぐみる
くせがついてしまう

ちょっと大げさに
話を盛る

落ち着かない

動画やインスタアップに
いそがしくなる

17

問題がいろいろと起こってくるよね

昼夜が逆転する

食事をきちんととらなくなる

学校に行かれない（遅刻、欠席など）

生活リズムが乱れる

お父さんやお母さんと**けんか**をする、

家の中のふんいきが悪くなる

ほかにも……

仲のよい**友達が変わる**

課金などでお金を使いこんでしまう

注目されたい気持ちが強くなる

うそをつくようになる

ネットの**情報にふりまわされる**

う〜ん

ふつうの生活を
送ることができなく
なっているねぇ

第2章

スマホ・ゲーム生活のおかしなところ

〈登場人物・キャラクター紹介〉

内海先生
（吉村小児科　院長　内海 裕美先生）

赤ちゃんから小中学生までの心と体の病気を診るスーパー小児科医。趣味は料理。全国の子どもたちの明るい未来をだれよりも願っている。

フク先生

内海先生のアシスタント。物知りで教えるのも大好き。ときどき夜に全国の街を飛び回って、窓からゲームをしすぎている子がいないかをみている!?

ハピちゃん

アイドルにあこがれる、おしゃれ大好きな中学生。最近スマホを買ってもらってウキウキしている。

スマホ・ゲーム 生活のおかしなところ

目の健康は大丈夫かな？

このような生活をしていないかな？

もうこんな時間!?

長い時間画面をみている

暗いところで画面をみる

ジィーーー

画面と目の距離が近い

くわしくは次のページへ

23

目がつかれる

小さな画面を見続けていると、目がつかれてぼーっとします。また、まばたきの回数が減り、目がかわききます。

眠_{ねむ}れない

夜に、画面から出るブルーライトの光が目に入ると、眠気_{ねむけ}が起きずに、眠_{ねむ}れなくなります。頭痛_{ずつう}などの原因_{げんいん}にもなります。

見づらい

動く画面を近くでみつめることは、目に負担_{ふたん}がかかります。視力低下_{しりょく}の原因_{げんいん}にもなります。

視力低下_{しりょく}、
目の病気も
心配だね

Pick Up! 気をつけよう　目の異常

ドライアイ

目の表面がかわく病気です。ゲーム機やスマホをみていることによってまばたきの回数が減り、目がショボショボする、ゴロゴロする、まぶしく感じやすいなどの症状が出ます。

視力低下

目は遠いところをみるときよりも、近いところをみるときのほうが負担が多くなります。ゲームなどで近くばかりを長時間みていると目の調節力を使いすぎて、視力低下の原因になります。

内斜視

内斜視は、**どちらかの目の視線が内側に向いている**状態で、両目の視線が合わなくなり、物が二重に見える病気です。最近、生まれつきではない後天性内斜視と急性内斜視に、スマホの長時間使用が原因と考えられるものが報告されてきています。

目の健康を守るために

★ゲーム機やスマホは30分以上続けて使わない

　電子画面を長い時間みていると、目や脳、体がつかれてきます。１回は30分以内にして、休けいをとります。屋外活動や遠くの景色をみることも、目の健康にはよいことです。

★目がつかれる、みづらいなどを感じたらすぐにやめます

　目のつかれやみづらさ、目の痛み、頭痛などを感じたら、すぐにやめて、家の人や先生に相談しましょう。

★画面から30cm以上、目を離して使います

　小さな画面をみるときには、目から画面の間を30cm以上離します。

こうやって
30cm以上
離しましょう

30cm

教えて内海先生！

目の健康 Q&A

Q.1 ゲームやスマホは目に悪いのですか？

A.1 はい、目によくありません。「2019年度学校保健統計調査」によると、めがねやコンタクトなどをつけないで測った視力が「1.0未満」の小学生は34.57%、中学生57.47%、高校生では67.64%と今まででいちばん多いことがわかりました。視力が低くなっている原因については、「屋外で遊ぶ機会が減って、あまり遠くを見なくなっていることや、スマホなどの普及で、近くで物を見る時間が増えたことがあるのではないか」と報告されています。

「裸眼視力1.0未満の者」の割合の推移

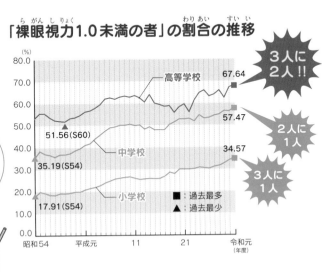

年齢が上がるにつれてどんどん悪くなっているよ

出典：文部科学省「令和元年度学校保健統計調査（速報値）」

27

スマホのあと、眠れなくなったことはない？
ブルーライトによる影響

　わたしたちの脳には、体内時計があります。この体内時計によって、朝に目が覚め、明るいときに活動をして、夜は、体を休めるために眠くなるようになっています。

　体内時計は、太陽光や照明などの光にふくまれるブルーライトを感じて、メラトニン（睡眠ホルモン）の分泌を増やしたり減らしたりします。朝に、太陽の強い光を浴びることで、脳も体もすっきり目覚めることができるのは、太陽の光に含まれるブルーライトが、メラトニンの分泌をおさえるからです。

　メラトニンは、暗くなってくると脳から分泌されて眠気を感じるようになります。

　ところが、夜にスマホやゲーム機から出るブルーライトを浴びると、メラトニンの分泌がおさえられ、自然な眠りに入れなくなってしまいます。夜、寝る1時間前には、パソコン、ゲーム機、スマホなどを使わないのがよいといわれるのはこのためです。

スマホ・ゲーム 生活のおかしなところ
十分な睡眠がとれているかな？

このような
生活をして
いないかな？

布団の中でも
LINEのやりとり

深夜まで
オンラインゲーム

授業中に
いねむり

くわしくは次のページへ

夜、なかなか寝られない

寝る時間になっても、LINE など友達との連絡が終わらないので寝られず、十分な睡眠時間がとれません。

朝、起きられない

深夜から早朝までゲームをしていたので、睡眠が十分にとれていません。夜のブルーライトの光によって寝つきも悪くなっているので、朝の目覚めもよくありません。

昼間に元気が出ない

睡眠不足によって、脳や体のスイッチが入らず、昼間でもダラーッとして、授業に集中できません。夜遅くまでゲーム、動画をみている子に多くみられます。

昼夜逆転ってなに？

オンラインゲームから始まる、昼夜逆転

　昼夜逆転とは、深夜から朝にかけて活動をして、昼間、人が活動をする時間帯に眠る生活のことです。夜遅くまでオンラインゲームなどをしている人に多く、問題になっています。

　オンラインゲームは、ネット上の仲間とチームを組み、プレイします。学生だけではなく仕事が終わった社会人の参加も多いため、ゲームのスタート時間をいちばん遅い人に合わせるので、夜10時以降から始めることが多いようです。そこから3〜6時間程度プレイします。終わってからだと、寝るのは朝方になります。深夜のゲームを中心とした生活は、昼夜逆転になるので危険です。

十分な睡眠をとるために

★スマホやゲームは、寝る1時間前までに終わらせる

　ブルーライトの光が夜に目から入ると、自然な眠りに入れなくなります。夜、ぐっすり眠るために寝る1時間前にはやめましょう。

★オンラインゲームはやらない

　ネット上に遊ぶ相手がいて、時間を合わせなければ遊べないオンラインゲームは、自分の予定や行動に合わせてコントロールできないのでやめましょう。

★寝る時刻を決める

　やらなければならないことを後回しにしてスマホやゲームをすることのないようにして、決まった時刻に寝る習慣をつけましょう。

睡眠のこと Q & A

Q.1 十分な睡眠ってどのくらいですか？

A.1 ヒトが1日24時間という限られた時間の中で、夜にぐっすりと眠ることは、生きていくための基本です。

　質のよい、十分な睡眠は、体と心のつかれをとり、脳の発達や体を成長させ、次の日からまた元気にすごせるようにする大切な役割を持っています。

　年齢によって望ましい睡眠時間がありますので、下の表を参考にして、自分に合った睡眠時間をみつけましょう。

ヒトの年齢別睡眠時間の目安

年齢	望ましい睡眠時間
1～2歳	11～14時間
3～5歳	10～13時間
6～13歳	9～11時間
14～17歳	8～10時間
18～25歳	7～9時間
26～64歳	7～9時間
65歳～	7～8時間

出典：「早寝早起き朝ごはんで輝く君の未来～睡眠リズムを整えよう～」文部科学省　一部改変

睡眠を大切にしていますか？
〜身長がのびるなど、いいことがいっぱい！〜

　眠りは、体や脳のつかれをとる役割のほか、健康な体をつくるために必要な、いくつかのホルモンと関係があります。

1. **成長ホルモン**：骨や筋肉を成長させ、細胞を再生、修復する働きがあり、睡眠中にたくさん出ます。

2. **メラトニン**：病気や老化につながる活性酸素を分解する働きを持っています。夜に脳から出て、眠気を感じさせます。

3. **セロトニン**：メラトニンの原料で、睡眠中はほとんど出ませんが、朝起きて、光を浴びることなどで分泌され、夜ぐっすり眠れるようになります。心を安定させる働きももっています。

　睡眠は、主にこの3つのホルモンが関係しています。

　今、日本の子どもたちは世界一夜ふかしといわれて、とても心配されています。睡眠時間が遅くなっているだけではなく、実際の睡眠時間も減っているのです。日ごろから、睡眠を十分にとって、病気やストレスに負けない元気な体をつくりましょう。

スマホ・ゲーム 生活のおかしなところ

ながら行動をしていないかな？

このような
生活をして
いないかな？

歩きながら

食べながら

勉強をしながら

くわしくは次のページへ

けがをしたり、けがを させたりしてしまうかも

歩きスマホは視野がせまくなります。画面だけをみて歩いていると、まわりがみえていないので危険です。

目の前の人のことも 考えられなくなる

目の前に人がいるのに、スマホいじりやゲームなどに夢中になるのは、目の前の人をいやな気持ちにさせてしまい、失礼です。

成績が下がる

勉強をしながらスマホを使ったりゲームをしたりすると、勉強に集中して取り組むことがむずかしくなり、その結果として成績も下がります。

スマホの使いすぎで成績が下がる!?

勉強中は必ずスマホをオフにして！

　スマホを長時間使っても、「それ以上に勉強をしていれば大丈夫」と、思っている人が多いようですが、東北大学加齢医学研究所 川島隆太先生らが、仙台市内の小中高生７万人を対象に 2013 年からスマホの使用時間、自宅での勉強時間、睡眠時間、学力調査の成績を調査・分析したところ、スマホの使用と勉強・成績に関してはこのような結果が出ています。

・睡眠時間、自宅の勉強時間に関係なく、スマホを１時間以上使ったら、使えば使うほど成績は下がる

・勉強中に音楽をきくなど、スマホアプリの使用数が増えるほど、成績が下がる　　　　　　　　　　　　　　　　　　　　　　など

　調査は現在も続いていますが、以上のことから川島先生は、スマホを使う時間はどんなに長くても１日１時間以内にすることを強くすすめています。

参考資料:「平成 26 年度版　学習意欲の科学的研究に関するプロジェクト　仙台市教育委員会 HP」

どうしたらいいの？

"〇〇しながらスマホ"を使わないこと

✕ 歩きながら

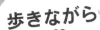

✕ テレビをみながら

✕ 寝ながら

✕ 食べながら

✕ トイレに入りながら

× おふろに
　　入りながら

× 勉強しながら

× 自転車に乗りながら

× 歯をみがきながら

× 人と話しながら

× 走りながら

本当にあった悲しい出来事
〜ながらスマホで死亡事故が〜

　全国各地の駅や公共の場で、「歩きスマホは危険です！」などのポスターがはられて、注意を呼びかけているのにもかかわらず、残念ながら悲しい事故が、いくつも起きています。

・女子大生が、耳にイヤホンを付けて、スマホの画面をみながら駅のホームを歩いていたところ、線路へ転落。走行中の電車に接触して死亡（2016年）

・中学3年生の男子が、駅のホームでスマホを操作しながら歩いていて、線路に転落。直後に入ってきた電車とホームの間にはさまれて死亡（2018年）

・女子大生が左手にスマホ、右手に飲み物を持って自転車を運転。77歳の女性と衝突して、死亡させてしまう（2017年）

・男子大学生が、スマホをみながら自転車（マウンテンバイク）を運転。接触した62歳の男性が死亡（2018年）

　ながらスマホは、大切な命を落としたり、うばったりする危険があります。

スマホ・ゲーム 生活のおかしなところ

運動不足になっていないかな？

このような
生活をして
いないかな？

外で遊ばないで
家でゲームばかり

公園に行っても
ゲームで遊ぶ

放課後すぐに
スマホを操作

くわしくは次のページへ

骨や筋肉が弱くなる

外遊びや運動をしないと、骨や筋肉が使われないため、弱くなったり、つかれやすくなったりします。筋肉や骨は使う（負担がかかる）ことによって、強くじょうぶになっていくからです。

ダラダラ生活になる

屋外に行ってもゲームをしていると、生活にメリハリがなくなります。それが続くと体の調子や気分がすぐれず、集中力もなくなります。

生活リズムが乱れる

日中体を動かさないと、食事をおいしく食べられない、夜ぐっすり眠れなくなるなど、生活リズムが乱れていきます。

ながら生活の危険！

長時間のゲーム生活で生活習慣病に

　生活習慣病とは、不規則な生活や、かたよった食事、運動や睡眠の不足、ストレス、飲酒、喫煙などの健康によくない生活習慣が原因となって起こる病気（高血圧、糖尿病、脳出血など）です。

　スマホやゲーム機と向き合う時間が長い日本の子どもたちは、外遊びをする時間が少なく、夜遅くまで小さな画面と向き合っていて運動・睡眠不足となっています。そのような生活を続けていると、将来、生活習慣病になる可能性が高くなります。

夜ふかしによる
睡眠不足

外遊びの減少
などによる
運動不足

不規則でかたよった
食生活

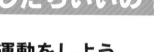

どうしたらいいの？

運動をしよう

★ゲームやスマホよりも、外で遊ぶ、体を動かす時間を優先する

　　体を動かすことは、体や心にとって、とても大切なことです。

　　スマホやゲームは、運動などを行ったあと、あまった時間にやりましょう。

★家の中でもストレッチなどで運動不足を解消しよう

　　天気の悪い日が続いたり、感染症対策などで長期間外に出られなかったりしたときには、体を動かす動画を利用したり、ストレッチや家のお手伝いをしたりして体を動かしましょう。

スマホと姿勢 Q&A

Q.1 最近、スマホでゲームをしていると、首や肩が痛いと感じることがあります。病気ですか？

A.1 スマホや、携帯用のゲーム機を使っているとき、いつもうつむいた姿勢で操作していませんか？　それを長時間続けていると "ストレートネック" の原因になります。

　ストレートネックとは、背中を丸めて顔を下に向けた悪い姿勢によって、本来ゆるやかな湾曲になっている首がまっすぐになって負担がかかっている状態です。

　肩や首のこり、頭痛、吐き気、めまいなどが起こり、気分がイライラすることもあります。

　小さな画面を長時間のぞきこむ姿勢を続けていると起こりやすいので、注意しましょう。

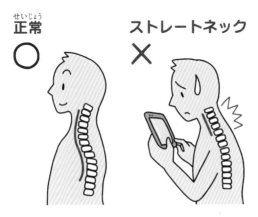

正常　　　　ストレートネック
○　　　　　×

生活の中で体を動かしてみよう

家でできるお手伝い

食事の準備や片づけ
（食事を運ぶ、調理、食器洗いなど）

洗たく物を干す、たたむ、しまう

そうじ

広い遊び場がなくてもできること

ストレッチ運動　　ラジオ体操　　ジョギング

買い物

ゴミ出し

きょうだいと遊ぶ

ペットの散歩

花や木の手入れ

やや速く歩く

なわとび

エレベーターより
階段（かいだん）を使う

47

たいへん！みんな運動をしているかな？
小学生男子の運動能力が過去最低に

　スポーツ庁は、毎年全国の子どもの体力の現状を調べています。その最新結果によると、小中学生の運動能力が過去最低になっていたことがわかりました。

　運動能力とは、自分の体を思い通りに動かす力、バランスや持久力、体のやわらかさ、ボールなどのなにかに反応する力などをいいます。中でも、小学生男子の運動能力は過去最低でした。

　その理由として考えられるのは、運動する時間が年々減って、スクリーンタイム（テレビやスマホ、ゲーム機の使用時間）が増えたことと関係があると分析されています。

　運動能力が低いと、健康な体でいることがむずかしくなったり、将来、年をとってから寝たきりになったりすることが心配されます。運動や体を動かして体力をつけられるように、スクリーンタイムはほどほどにして、できることから始めてみましょう。

参考資料：「令和元年度 全国体力・運動能力、運動習慣等調査」令和元年12月　スポーツ庁

スマホ・ゲーム 生活のおかしなところ

時間を気にせずに使っていないかな？

このような
生活をして
いないかな？

食事の時間も
スマホでゲーム

勉強中に LINE

くわしくは次のページへ

生活リズムが
乱れる

ネットやゲームをする時間を決めていないため、ダラダラとすごしてしまいます。食事と睡眠の生活習慣が、まず乱れていきます。

やるべきことが
できなくなる

ちょっとだけのつもりでも、夢中になってしまい、宿題や予習など、やるべきことをする時間がなくなってしまいます。SNSだけではなく、ゲームや動画など、いろいろとやってしまうことも問題です。

どっちがいいかな？
時間の上手な使い方

○ 時間を上手に
使っている人

時間ピッタリ♥

× 時間を上手に
使っていない人

おそい！

場所まちがっちゃった

・計画的に行動できる
・あまった時間にやりたいことができる
・がんばるときと休むときのメリハリがつけられる
・毎日が充実している

・行動がダラダラする
・時間がわからないのであわてることもある
・気づいたときには、ギリギリか時間がすぎている
・時間によゆうがないと、心にもよゆうがなくなって、イライラすることが多い

どうしたらいいの？

ネットやゲームで
時間をむだにしない

★計画的にすごして時間を上手に使おう

やるべきこと、やりたいことを紙に書き出して、優先順位をつけます。やることが終わってからネットやゲームをします。

★ネットやゲームをやる前に、終わる時間を決めよう！

決めた時間を守る工夫として、タイマーなどをセットするのも効果的です。

近くにいる人に
ゲームをする時間を
宣言しよう！

タイマーセット！

ゲームは
1時間で
やめるから

OK！

ゲームと時間 Q&A

Q.1 どうして時間が大切なの？

A.1　時間はみんなに平等で、1日24時間、1年は365日です。家電製品や自動車、電車、飛行機などがあるのは、時間や労力を節約したいという人たちのさまざまな知恵から発明されました。やるべきことを早く終わらせられれば、好きなことに使える時間が増えます。インターネットやスマホの普及も、そういった意味がこめられていますが、上手に使わないと逆に時間がうばわれてしまうこともあります。

　将来につながっている子どものときの時間は、とても大切です。勉強したり、のんびりしたり、体を動かして思いっきり遊んだり、時間をわすれてなにかに熱中することも、いろいろなことを経験することも、とっても大事です。

　やるべきこともたくさんありますが、自分のやりたいことなどの目標を持って進むときにも、時間は大切です。

　ゲームをついやりすぎて「あ！もうこんな時間だ！」「あのときこうすればよかった！」などと後悔しないためにも、時間の上手な使い方を身につけておきましょう。

友達の時間をうばっていませんか？
〜 LINEメッセージでもめないで〜

　Ｓちゃんは、Ｒちゃんに、急ぎのことではなかったけれど、何気なくLINEを送りました。

　Ｓちゃん自身は、やりとりができる自由な時間がありましたが、Ｒちゃんは勉強中。でも、LINEが、急ぎの用事かもしれないと、開いて読みました。内容は、急ぎではありません。そして、すぐに、またＳちゃんから、LINEが来ました。Ｒちゃんは相手に既読がついただろうから……と、返信。その文を送った同じタイミングでまたLINEが来ました。既読スルーは、Ｓちゃんがおこるだろうと、また返信。

　結局、終わらなくなってしまい、Ｒちゃんは勉強に集中できなくなってしまいました。

　自分のタイミングでLINEをしても、相手には大事な用事があるかもしれません。既読がついても、すぐに返信を求めないようにしましょう。

スマホ・ゲーム 生活のおかしなところ

友達とのトラブルは大丈夫？

このような生活をしていないかな？

相手の気持ちを考えずに送信

許可なく写真を公開

夜遅い時間に連絡をする

くわしくは次のページへ

相手をいやな気分に
させてしまう

相手のことを考えずに、情報を勝手に流すと、相手をきずつけてしまうことがあります。

情報の流出でトラブルに

写真の無断投稿は、個人情報の流出につながります。写真をコピーされて、拡散されることもあります。

相手の時間をうばう

相手のことを考えない行動で迷惑をかけます。特に、夜おそい時間やテスト前などでいそがしい人に送るのは、相手に貴重な時間を使わせることにもなりますので、注意が必要です。

よくあるネットのトラブル

被害者・加害者にならないために

・「内緒だからね」と約束をしても、相手が軽い気持ちでスクリーンショット（スクショ）を撮ったり、コピペしたりして拡散。

　仲のよい友達でも、ネット上に写真などをアップするときには許可をとります。必要以上にスクショを撮る、コピペ（コピーをしてはりつける）などで転送するのはやめましょう。

・LINE で友達に悪口を送ったら、まちがえてグループ LINE に送ってしまった。それ以来いろいろと気まずい関係に。

　軽い気持ちでも、誤解や行きちがいが起こります。書きこみには責任を持ち、相手の気持ちも考えて発言しましょう。

・いたずらで「犯人は〇〇くんです」という内容をネット上にアップ。後日、警察が来て大さわぎに。

　会話なら冗談ですむことも、ネット上に書きこむことで大きな問題になります。責任を持てないことは書かないようにします。

・テレビの感想を掲示板に書いたところ、知らない人たちからたくさんのいやがらせやおどしが続いた。メールやネット上での攻撃だけではなく、住所と氏名も特定されて、家にもいやがらせがあった。

　書きこみ（発言）には十分な注意が必要です。一度ネット上に出たものは、広がってしまい、回収できません。

　　つまり、現実の世界でやってはいけないこと、
言ってはいけないことは、ネット上でもしないことです。

どうしたらいいの？

友達と、トラブルを起こさないために

★画面の向こうには "人" がいることを忘れない

　自分が正しいと思うことを、相手も同じように思うとは限りません。LINE やメールなど、すべてにおいて相手のことを考えてから入力します。特に、悪口、攻撃、うそはやめます。

★自分・他者の個人情報は入力しない

　自分、家族、友達などの情報（写真・名前・生年月日・住所・電話番号・学校名・学年・学級・メールアドレス・パスワードなど）は、絶対にネットで送信や投稿をしないようにしましょう。

★送る時間を考えて使う

　SNS でのやりとりやゲームにさそうときなどは、時間を決めて、相手の都合も考えます。自分だけではなく相手の時間も大切にしましょう。

返信について

　SNSの悩みで多いのは、"返信につかれる"です。LINEだと、既読になったのに返信がない！ 無視（スルー）されている！という不満がつのり、トラブルになることがあります。

トラブルの予防

友達同士でルールを決める

（例）
・すぐに返信はしなくていい！
・LINEの既読スルーはあり！
・どうしても返事が欲しいときには、送る人が「返信してね」ということを伝える

相手がすぐに返信ができない理由を考えてみる

・ゆっくりと内容を読んでいない（みただけ）
・だれかといっしょかもしれない
・急ぐ用事があるのもしれない
・移動中
・寝ている
・電池がない

LINE編

言葉の行きちがい「なんで来るの？」

Aくん

Bくん

　Aくんは、幼なじみのBくんに「学校の文化祭に来てほしい」と声をかけていました。文化祭前日にLINEで連絡をしたところ、なぜかBくんをおこらせてしまいました。

Ａくんが送った「なんで来るの？」は、どのような交通手段で来るのか？を、たずねたつもりだったのですが、Ｂくんには、「行ってはいけないのか？　理由が必要なのか？」というような受け取り方をされてしまったのです。

　このように、ネット上のやりとりは、ちょっとしたことで誤解されることがあります。

覚えておこう！

誤解されやすい言葉例

かわいくない

「かわいいよね？」と同意を求めたつもりが、「かわいくない！」と否定に受け取られてしまう。

いいよ

いいよ「それでいいよ」という同意が「いらない」不要、否定に受け取られる。

おかしいね

「おもしろいね！」という意味なのに、「変だね！」という受け取り方をされる。

覚えておこう
LINE、メールの"あやしい受信"

　トラブルに巻きこまれないように、どのような種類があるのかを覚えておきましょう。

❗お金を請求するもの

　覚えがないのに、金銭を要求するものです。サイトを開いただけで支払い請求の画面が出てくるものもあります。リンクされたアドレスがいっしょに送られてきていても、絶対に開いてはいけません！

❗お金、ポイントをくれるという内容

　プレゼント、当選などという言葉を使って、個人情報を聞き出すことが多いのがこのメールの特徴です。いっせいに大量に配信されているメールです。返信してはいけません。

　開くだけで情報がもれてしまう場合もあります。開かないで削除します。

❗なりすまし

　有名人を名乗るもの、有名な会社を名乗るものなど、差出人はいろいろです。アドレスなどを教えたことがある相手でなければ、すべて無視します。添付ファイルがついていても、それを開くことによってコンピュータウイルスに感染することもありますので、開いてはいけません。

　好きなタレントからでも反応しないように注意します。

❗ まちがいメール

　わざと、「今日どこにする？」「アドレス変わりました！」など、友達のふりをして送ってくるメールがあります。「まちがえていますよ」などと親切心で返信してはいけません。だませそうな人を探しているのです。知らない人からのメッセージは、絶対に開かないで削除しましょう。

❗ チェーンメール

　「このメールを何人に送らないと不幸になる」「助けてください！」などといったチェーンメールも削除します。内容によっては、気分が悪くなってしまうものもあります。心配なときには自己判断をしないで、知識のある大人の人に相談しましょう。

❗ エアドロ痴漢

　iPhone の AirDrop 機能を使って、わいせつな言葉や写真を送る人がいます。特に学生は駅のホームでの被害が多発しています。本体の受信設定を見直しましょう。

Point
自動機能に任せないで！

　SNS は、公開範囲や友達追加機能を制限できるものがほとんどです。アプリを使うときは初期設定を確認してから使いましょう。

　ネットを使った悪いことは、日々進化しています。ここで紹介した例は一部です。日ごろから注意しましょう。

友達とのやりとりで、もし、
いやな思いを感じたときには……

とりあえずやめる（返信しない）

> 今は
> いいや
> …

> ブルル
> ブルル

スマホを置いて、別のことをします。すぐに返信することで、もっとこじれてしまうこともあるので、距離をおきます。

相手と直接会って話をする

> この前の
> LINEなんだけど
> …….

> うん、
> どうしたの？

おたがいに、相手にいやな思いをさせるつもりがなくても、受け取り方のちがいで、いやな思いをしているかもしれません。スマホではなく、直接会って話をして、気持ちを伝えてみましょう。

スマホ・ゲーム 生活のおかしなところ

ゲーム障害（しょうがい）ってなに？

このような
生活をして
いないかな？

ゲームを
やめられない

いつもイライラ
している

ゲーム以外は
やる気がない

くわしくは次のページへ

食べること、寝ること よりもゲームが優先

時間を気にしないで、日中から夜中、朝までゲームをしています。

家族関係の悪化

家族に対して暴言、暴力をふるうことが多く、ゲームができないとイライラします。

学校に行かない

ゲーム以外のすべてのことに興味がなくなります。昼夜逆転した生活を送ることが多く、高校生以上では不登校になって退学してしまう人もいます。

ゲーム障害ってなに？

ゲームがやめられなくなる病気です

　ゲーム障害とは、ゲーム機だけではなく、スマホやパソコン、タブレットなどでオンラインゲームにはまり、生活の中心がゲームになって、夜中までゲームをしてしまい、朝、起きられなくなるという生活が続くなど、ふつうの生活が送れなくなる病気です。ゲームの種類は、オンラインゲームがほとんどです。

　子どもや学生がゲーム障害になると、遅刻が増える、成績が下がる、不登校や退学につながります。大人だと多くは働くのがいやになり退職、借金をして、ひきこもりになります。

やめたくてもやめられない……

依存症を知っていますか？

ある行動をやめたくてもやめられなくなる病気を、「依存症」と言います。依存症と同じ意味で、医学の分野では「嗜癖」という用語を使うこともあります。

代表的なものでは、飲酒（アルコール）、喫煙（タバコ）、ギャンブルなどがあり、最近では、ゲームもふくまれるようになりました。やりすぎて、ふつうの生活が送れなくなってしまう病気のひとつです。

依存（嗜癖）

物質依存
アルコール
ニコチン（タバコ）
カフェイン
薬物

行動嗜癖
ゲーム
買い物
ギャンブル
など

大丈夫かな？ ゲーム障害チェック ･･･････････････

　以下の4つの項目が12か月以上続く場合には、ゲーム障害の疑いがあります。子どもの場合には、12か月以内でもゲーム障害が疑われます。

☐ **ゲームの使用を自分でコントロールできない**
　（時間や回数、期間、環境など）

☐ **やらなければならないことよりも、**
　ゲームを優先する

☐ **生活の中で支障があっても、ゲームをやり続ける**

☐ **ゲームによって、心身の健康、家庭、学校生活、**
　仕事などに重大な問題が生じている

ゲーム時間を減らして生活を見直します。
生活を変えることができなければ、病院へ

★生活を見直して、ゲームの時間を減らしていきます

　　ゲームをまったくしない生活を送ることはむずかしいので、ゲームをする時間を少しずつ減らしていき、生活リズムを整えていきます。

★周囲の大人に相談します

　　自分ひとりの見直しではできない場合には、家族や先生などに相談して、助けてもらいましょう。

★ゲーム障害の治療ができる病院へ行きます

　　ゲームによって生活が乱れてしまっても、病院で治療を受けて昼夜逆転や不登校などから脱出した人もいます。ゲーム障害は病気です。まずは専門の病院へ行きましょう。

自分では気づかないことが多いから、
家族や周囲の人が気にし始めたら
病院へ行ってみましょう

ゲーム障害 Q&A

Q.1 ゲーム障害によって起こる問題はなんですか？

A.1 最初に起こる問題は睡眠不足です。夜おそくまでオンラインゲームなどをしていることで起こります。

そして、ゲームに依存するために、生活リズムが乱れて体や心の健康や学校生活の問題が生じ、それにともなって、家族と仲が悪くなるなど、いろいろな問題が起こります。

ゲーム障害にみられる問題と様子

体	体力や筋力の低下、運動不足、視力低下、栄養がかたよる、肥満、頭痛、腰痛、骨がもろくなるなど
心	やる気がなくなる、ゲーム以外で人と会いたくなくなる、うつ状態、ひきこもりなど
学業	授業中のいねむり、成績が下がる、遅刻、欠席、不登校、留年、退学など
家族	家庭内暴力をふるう、暴言、親子・きょうだいの関係が悪くなるなど

71

注意されてもやめられない?!

“ゲームのしすぎ”でこわれていく脳

　わたしたちの脳には、理性をコントロールする前頭前野という部分と、欲望やいかりなどの感情を生み出す辺縁系と呼ばれる部分があります。

　ふだん、ゲームをしたい強い気持ちがあっても、勉強や学校に行くことが優先することだと、前頭前野が判断して感情をコントロールしてくれていますが、ゲームをしすぎることで、前頭前野の働きが悪くなってしまいます。ゲームの使い方を注意されたときに、キレたり、やめたりできなければゲーム障害という病気の疑いがあります。

スマホ・ゲーム 生活のおかしなところ
まちがえた使い方をしていないかな？

このような
生活をして
いないかな？

自撮り写真や
動画を送る、
アップする

くわしくは次のページへ

こわい思いをする、トラブルにあうことも

個人情報（こじんじょうほう）が、流出、拡散（かくさん）することがあります。そしてだれかを
きずつけたり、自分が危（あぶ）ない目にあったりします。

たった一枚が原因で……

写真から個人を特定するのは簡単！

場所特定（住所・景色）

○○町
1-7

Cafe & Restaurant

個人情報
（名前、学校、クラス、指紋）

1. 情報が流出します

　写真や動画に写っている背景や校章、バッチなどから、名前、住所、電話番号、通っている学校名、クラスなどは簡単に特定することができます。ほかにも、写っている人の瞳を拡大してそこにみえる風景から場所がわかったり、ピースサインの指から指紋を取り出したりして悪用されたケースもあります。

2. 肖像権にも注意

　人には「肖像権」という自分の顔や姿を勝手に利用されないようにする権利があります。友達の写真などを許可なくネット上にアップすることは、肖像権の侵害となります。

ネット上のトラブルや
犯罪などに巻きこまれないために

★なんでも気軽に投稿しない

　相手の顔が見えないと、自分の思いなどを気軽に書きこんでしまうことがありますが、人の悪口やお店、商品の悪口などを書きこんで、だれかをいやな気持ちにさせないようにします。

★自撮り写真、動画の扱いに注意する

　かわいい、かっこいい自分の写真が撮れたとき、それをだれかに送ったり、SNS にアップしたりして楽しむ人がいますが、その写真が悪意ある人の手に渡って無断で使用されることもありますので、注意が必要です。不特定多数の人にみられるネット上では公開しないことです。

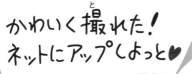

気をつけよう

ネット投稿写真のトラブル

非常識な行動

その1　注目されたくて……

・バイト先のコンビニで、アイスクリームな
　どが入った冷蔵庫の中に入って記念撮影
・公園の水道の蛇口を自分の肛門に当てて
　撮影
・そば屋さんのアルバイトをしていた学生
　が、食器洗浄機に入って撮影

イェ〜〜

ICE CREAM

このような行動をした人は、どれもすぐに特定されて、
損害賠償を請求されたり、決まっていた就職内定が取
り消されたりしています。

その2　スクープ！みてみて!!

・人身事故が起きた駅で、遺体をかくすためにおおわれたブルー
　シートのすき間から動画などを撮影
・偶然居合わせた交通事故や火事、自殺現場でその様子を撮影

事故などを目撃したときに、スマホを向けて撮影をして
いる人がいます。「いいねが欲しい」「ほかの人も撮っ
ているから」という理由での行動は、救急隊の救命作業
がスムーズに行われなくなる原因になり、迷惑です。

その3　おもしろいから……

・友達とふざけていたときに、ズボンをおろされた男の子。ス
マホを持っていたひとりの子が、その姿を写真に撮り、ネッ
ト上にアップ。

遊びがエスカレートしただけではすまされない問題で、
性犯罪です。ネット上にアップしたらその写真はどこ
かでだれかがコピーして持っていることも。

いやなことをされた
ときは、早めに家族や
学校の先生、養護教諭
の先生などに相談し
ましょう。

スマホを持っている
すべての人は、カメラの使い方に
気をつけて、常識ある行動を
とる必要があります

気をつけよう！ リベンジポルノ
～裸、キス、下着写真に注意～

　恋人同士などの親しい人であっても、ラブラブな写真を撮る、撮らせることには、注意が必要です。関係がうまくいっているときはいいかもしれませんが、けんかしたときや別れてしまったときなどに、相手の写真や動画、特に性的なもの（裸になったりキスをしたりしている写真など）をネット上にアップする人がいます。不特定多数の人に公開されることで、悲しい思いをしたり、トラブルに巻きこまれたりした人もたくさんいます。いじめ画像のアップと同じで、法律によって罰することができますが、一生、後悔する出来事につながるので、撮ること、撮らせることはやめましょう。

スマホ・ゲーム 生活のおかしなところ

無料のわなに気をつけて！

このような生活をしていないかな？

無料アプリのダウンロード

くわしくは次のページへ

ちょっとのつもりが……

最初は楽しめても、むだな時間やお金を使ってしまったり、だまされたり、個人情報が流出したりするなど、いろいろなリスクがあります。

どうして 無料のゲームがあるの？

アプリには、無料で始められるゲームがたくさんあります。どうして無料なのでしょうか。その理由は、大きく分けると2つあります。1つ目は、アプリ使用中に出てくる広告料が得られる、2つ目は利用者の情報を集めることが目的だからです。

1. 広告料が制作側の 収入になる

ゲームなど、そのアプリを起動、使用しているときに広告が出ます。画面に出して、目に入ってくることを利用して、商品やイベントなどを宣伝できます。

2. アプリを提供して 情報を得る

ダウンロードをするときに、年齢、住所、名前などの個人情報を入力させます。集めた情報は、企業などに売られたり、無断で公開されたり、悪いことに利用されたりする可能性があります。

どうしたらいいの？

無料のわなに、はまらないために

★個人情報は入力しない

　お得感に引きずられて、自分の大切な情報（名前、年齢、住んでいる場所、性別など）がどこかの知らないだれかや、組織などに流れる危険があります。

★ダラダラ遊ばない

　本当に必要かどうかわからなくても、「無料だからとりあえずやってみよう」という気持ちから、つい遊んでしまい、むだな時間を使ってしまいます。

無料アプリは信頼性や危険度、そのリスクに責任を持てるまではおすすめしません。どうしても必要なアプリをダウンロードしたいときには、大人に相談しましょう

★ゲームで課金はしない

　課金につながるアプリのほとんどは、オンラインゲームです。最初は無料でも、もっと楽しむためのアイテムなどが有料で、そのアイテム欲しさにお金を使わせるのです。

　ゲームの世界、スマホの中だけで、なにかが実際に手に入ったわけではないのに大切なお金をたくさん使ってしまうことは問題です。

本当にあった残念なお話
課金がエスカレートしたRくん

　スマホアプリのゲームにはまっている中学3年生のRくん。毎日来る、案内通知のタイミングでゲームをしていました。最初はログインでたまるポイントを使ってアイテムをゲット。日々、アイテムがどんどん増えていき、ゲームのランキング上位となり、ゲーム仲間のヒーローになりました。

　たまっていたポイントもすぐになくなり、コンビニで自分のおこづかいからカードを購入。もっとレアなアイテムが欲しくなり、おばあちゃんからおこづかいをもらって課金、お母さんのお財布からも1000円、2000円……とぬき取って課金していました。結局、お母さんにみつかって、アプリの消去はもちろん、スマホでのゲームは一切禁じられました。

　反省しているRくん。「一度課金をすると、エスカレートしてしまい、欲しくて欲しくてどうしようもなくなってやってしまったこと、毎日ログインしていた時間も、今考えるともったいなかった」と言っていました。

第3章

スマホや
ゲーム中心の
生活になって
いないかな？

あなたは
大丈夫かな？

スマホやゲームが中心の生活になっていないかな？

　いつでもどこでも、オンラインゲーム、LINEや動画などができるように、自分専用のゲーム機やスマホを持つようになってから、ずーっと手放せないという人が多くいます。やらなければならない大事なことをわすれてしまったり、生活リズムが変わってしまったりする人もいます。

　この章では、5人の生活をみながら、それぞれがどんなことに気をつければいいのかを考えてみましょう。

case 1
ゲーム大好き
小学4年生Aくん

p.90へ

case 2
SNSが楽しい
小学6年生Bさん

p.92へ

case 3
スマホでダラダラ生活
中学1年生Cくん

p.94へ

case 4
スマホ大好き
高校1年生Dさん

p.96へ

case 5
ゲーム障害になった
高校2年生Eくん

p.98へ

みんなの生活、大丈夫？
ゲームで生活リズムが乱れてきた…

プロフィール情報

ゲーム大好き
小学4年生Aくん（10歳）
ネットにつながるゲーム機で、
毎日ゲームをしている。
好きなゲーム：フォートナイト、マインクラフト

小学校1年生のときに初めて買ってもらったゲーム機。家はWi-Fi環境で、最近ではネットにつなげてクラスメートやちがう学年の子ともオンラインゲームをしている。

1日のながれ

- **7:30** 起床
- **8:30** 登校
- **15:30** 下校
- **15:45** 帰宅
- ゲーム
- **19:00** 夕食
- **20:00** ゲーム
- **21:00** 入浴
- **22:00** ゲーム
- **23:00** 就寝

ひとくち
ちっちゃ！

ポーッ

7:30　起床

朝は、お母さんに起こされるものの、食欲がない。
ポーッとしながら、少しだけ食べて学校へ。

8:30
学校で

休み時間は友達とゲームの話ばかり。
授業中は、ちゃんと話を聞けていないところがあり、適当でまちがいが多い。

15:45　帰宅

帰宅後、宿題よりもまず、オンラインゲーム。おやつも食べないで、夢中になる。
オンラインで友達とつながっているため、やめられない。ゲーム途中でやめた子がいても、次々に友達が入ってくるので、やめられない。

19:00　夕食

夕食の時間になっても、オンラインゲームをやめない。夕食よりも友達とのゲームの約束を優先。家族内で言い合いになる。お母さんに「取り上げるよ！」と言われ、しぶしぶ、少しだけ食べて、すぐにゲームへ。

20:30 〜

おふろの時間になってもやめず、ゲームを続ける。お父さんにおこられて、おふろに入るが、その後にまたゲーム。宿題や翌日の準備も終わらないまま、23：00 に就寝。

みんなの生活、大丈夫？

case 2

スマホにハマってしまって…

プロフィール情報

SNS が楽しい
小学6年生Bさん（12歳）
学校はスマホ持ちこみ禁止なので、帰宅後はずっとスマホを気にしている。

クラスのほとんどの子が持っているからと、両親におねだりをして、6年生の夏休みにスマホを買ってもらう。LINE 大好き。

1日のながれ

- 7:30 起床
- 8:15 登校

15:45 下校

スマホ

- 19:15 夕食
- 20:00 入浴
- 21:00

スマホ

- 23:45 就寝

7:40　朝食

起きてもボーッとしていて、朝ごはんは食べられず、テレビをみているだけ。

8:30
学校で

授業中は SNS （LINE、Twitter、Instagram）のことを気にして上の空。LINE で会おう！と言ってくれた3つ年上の男性（本当は中年男性）のことを考えてばかり。

15:45 下校

下校後は SNS(LINE、Twitter、Instagram)、YouTubeなどに夢中。特にLINEやTwitterの返信にいそがしい。

19:00 帰宅

習い事の合間、帰りもLINEをチェックしながら帰宅し、夕食後にまたスマホをいじり始める。SNS以外にも短時間動画をみるなど、同時にいろいろ切りかえながらスマホを使う。

21:30 とりあえず布団に入るも……

寝なさい！とお母さんに言われる。リビングにある充電器に置こうとするものの、まだスマホをみている。LINEで知り合った３つ年上の男性（本当は中年男性）に会う約束の返信をするかまよっている。22:00には自分の部屋へ行くものの、すぐに眠れず23:45に就寝。

ネット上で、まだ会ったこともない人を信じて恋をしている。相手の男性のプロフィールや写真はうそのものであり、危険なのにもかかわらず、やりとりを続けている。

みんなの生活、大丈夫？

case 3

スマホのせいで生活リズムが…

プロフィール情報

スマホでダラダラ生活
中学1年生Cくん（13歳）
ネットにつながるゲーム機も持っているが、小学校卒業時に買ってもらったスマホでアプリのゲームをすることが多い。LINEもときどき使う。

小学校6年生の夏休みごろまでは、まったくスマホに興味がなかったが、クラスやまわりの友達が次々とスマホを買ってもらっていたので、両親に頼んでスマホをゲット。

1日のながれ

- 7:30 起床
- 8:15 登校

- 17:30 下校
- 17:45 帰宅
  - スマホ
- 19:00 夕食
- 19:30 入浴
- 20:00 勉強

  スマホ

- 0:50 就寝

いいかげんおきなさいっ！

7:30 起床

朝は、お母さんに起こされる。食欲がないため、一口だけ食べて学校へ。

ゲーム
YouTube

8:30 学校で

友達との会話はYouTubeとゲームの話題。授業中は、YouTuberのことを考えてニヤニヤ。

17:45　帰宅

放課後は部活も、委員会活動も参加。
帰宅後はスマホをいじりながら、夕
食まで寝てしまうことも。

20:00　勉強のはずが…

夕食後、スマホを片手に勉強。まずは
音楽を聴く、友達からの LINE、ちょっ
とアプリのゲームにログイン、勉強に
戻りかけてまた LINE……と、スマホを
いじりながら数時間。SNS だけではな
く好きな YouTuber がいるため、動画
はしょっちゅうみている。

勉強をしていたつもりが、
動画視聴がメインとなり、
0:50 に就寝。

自分ではわりと勉強をしているつもりなのに、成績は上がら
ない。将来のことを考えるときは、楽をして、楽しくお金が
かせげるようにみえる YouTuber にあこがれている。

みんなの生活、大丈夫？
case 4

スマホを手放せない毎日の…

プロフィール情報

スマホ大好き
高校1年生Dさん (16歳)
安全のためと、小学校低学年の
ころからキッズケータイ、高学
年からスマホを持っている。

おしゃれも、アイドルも自分も
大好きな、今どきの女子高生。
LINE、Twitter、Instagram
などの一般的なスマホアプリを
楽しんでいる。

1日のながれ

6:00 起床
　　　スマホ
8:00 登校

16:00 下校

　　　スマホ

19:00 夕食
20:00 勉強
21:00 入浴
22:00
23:50 寝落ち

6:00　起床

目覚ましにスマホを利用しているため、数分後ごとに
何度も鳴らして起床。
朝起きるとすぐに LINE、Twitter をチェックする。

8:00　登校

登校中、SNS にあげるためのネタを探しながらスマホ
を片手に歩く。注目されたいのと、いいね！が欲しい
ので、なにかをみつけたら、とりあえず写真を撮る。

96

8:30 学校で

学校では一時預かりのため、先生に提出。

16:00 下校

移動時の電車の中ではもちろんスマホ。

20:00 勉強のはずが…

友達と連絡をしていたり、おしゃれについて検索。Twitterなどからもネタを探している。入浴中も、防水のケースにスマホを入れて、ながらスマホ。

「勉強をするね」と自分の部屋で、またまたスマホ。かわいくみえるためにプチコスメなどを検索。実際に購入したり、お試しに申しこみをしたりしている。商品が届くのが楽しい。好きなアイドルのライブに行きたいと、チケットをオークションで探すこともあり、お金のやりとりをしていることも。

23:50 寝落ち

ほとんど、勉強が手につかないまま、サイトをみているうちに寝落ち。

おしゃれに興味があり、いつも洋服やメイクを検索している。無料のお試しをみつけるとすぐに申しこむため、個人情報ももれている。なりすましの、知らない人と連絡をとることもあり危険。

みんなの生活、大丈夫？

ゲームにハマって不登校に…

ゲーム障害になってしまった
高校2年生Eくん(17歳)

小学生のころから電子ゲームが大好き。成績は優秀だったので中学校生活に支障はなく、希望通りの高校に合格した。

志望校に合格したのにもかかわらず、高校で出会った新しい友達となじめず、学校を休みがち。学校に行かないとすることがないと言い、1日中オンラインゲームをしている。

1日のながれ

- 8:30 起床できない
- 10:30 起床
   家でダラダラ
- 12:00 食事

スマホ／パソコン

- 20:30 夕食
- 22:00 オンライン
   ゲーム開始
- 3:30 オンライン
   ゲーム終了
- 4:00 就寝

朝、起きられない

学校に行く時間を過ぎても起きないので、母親が声をかけに行くが、夜ふかしをしているために起きられず。

10:30　起床

昼夜逆転していることもあり、結局学校に行けずダラダラ起床。

家の中でダラダラしていたところをお母さんに注意され、言い合いになる。
なにもやる気が起きなくて、自分の部屋に戻る。
深夜、オンラインゲームをするために少し寝たり、ゲームに勝つ対策を検索したりしてすごす。

20:30 〜

「夕食はいらない」と言う
ため、お母さんが部屋に運
ぶ。家族とはいっしょに食
事をとらない。

21:30 〜

ネット仲間と、オンラ
インゲームをする約束
の時間（22：00 スター
ト）が近くなったので、
準備をする。

22:00 〜

スカイプでつながり、スマホ、パソコンなどでゲーム開始。約３時間くらいの対
戦。ゲームが終わっても興奮していて眠れず、仲間と連絡。今日の対戦について
の話し合いを始める。
１時間半くらい話をして、作戦についてのことを調べ、就寝は朝の４：00。

ゲームとスマホ Q&A

Q.1 ゲームもスマホも、とても楽しいです。使うときに注意することを教えてください。

A.1 ゲームもスマホも、目的と時間を決めて使いましょう。使いすぎで、生活習慣や体に影響が出ないように気をつけることが大切です。そして、次のことがひとつでも当てはまれば、注意しましょう。

こんなことに注意！
スマホ・ゲームの使い方チェック

☐ YouTube などの動画を 1 時間以上続けてみることがある

☐ 毎日オンラインゲームで 30 分以上遊ぶ

☐ 家族に、スマホやゲームのやりすぎをいつも注意される

☐ 人と話すのがめんどうくさいと思うことがある

☐ LINE が来たら、すぐに返信するタイプだ

☐ スマホやオンラインゲームで睡眠時間が減った

☐ スマホやゲームで勉強時間が減った

※ひとつでも当てはまるものがあるときには、使い方を見直してみましょう

第4章

もう一度考えよう

スマホ・ゲームの使い方

ネットやスマホによって、便利になったわたしたちの生活

世界中の人と交流ができる

お店に行かなくても
買い物ができる

さまざまな情報を
知ることができる

スマホを持つことで
連絡がいつでもとれる

時間とお金の使い方、人との関わり方が変わってきたね

これからもどんどん変わるといわれているよ

お財布代わりに（電子マネー）

災害時の安否確認などが簡単

家電などを遠隔操作

オンライン診療

ライブ配信

テレワーク

だけど…

使い方によっては、失ってしまうものもあります。

○○する時間

運動

読書

睡眠

学習時間

安全

SNS トラブル
個人情報流出など

コミュニケーション能力

相手を思いやる
気持ち

人と話すのが
めんどうくさい

脳機能

集中力
記憶力
五感で感じる力
考える力

体力や健康

運動不足　　依存症

視力低下　　行動嗜癖

体力低下　　ゲーム障害

生活習慣病

スマホやゲームを使うときには

1. どんな目的で
2. どのくらいの時間

を考えて使いましょう

時間の例

ゲームを楽しむ…… 30~60分

友達とLINEをする…… 5~15分

好きなアイドルのブログを読む…… 5~30分

おもしろいYouTuberの動画をみる…… 10~40分

インスタでおしゃれな人をみる…… 5~20分 など

目的 と **時間** を決めます。

上手に使って、スマホやゲームに
大切なことをうばわれないように
してくださいね！

大切にしたい
5つのこと

体や心が発達、成長していく子どもの
ときにスマホやゲームを使いすぎて困る
ことのないように……

体と心が育つために必要な、「眠(ねむ)ること」「食べること」「体を動かすこと」「学ぶこと」「自分を大切にすること」、この5つのことが毎日の生活の中で、できているかをチェックしてみましょう。

1. 眠(ねむ)ること

2. 食べること

3. 体を動かすこと

4. 学ぶこと

5. 自分を大切にすること

早寝早起きは
とても大事だね

体を動かすと
ごはんもおいしく
食べられるわ……

1. 眠ること
～十分な睡眠～

体と心を元気にする睡眠

　わたしたちは、夜になると眠り、朝になると目覚めるというリズムをくり返します。眠ることで体や脳を休め、1日のつかれをいやし、翌日の活動に備えるのです。

　十分な睡眠は、脳の働き、体の成長、心の健康にも大切です。睡眠が足りない生活を続けていると、脳の働きが悪くなり、勉強などに集中できない、イライラする、ボーッとするなどが日常化します。また、体が休まらないと、病気などに対する免疫力の低下、身長をのばしたり、健康な体をつくったりするホルモンの分泌などにも影響が出ます。

睡眠不足が続くと
肥満になりやすいという
研究結果もあります

睡眠の効果

- 体と脳のつかれがとれて、体も心もすっきりします。

- 免疫力を高めて、感染症などの病気に負けない体をつくります。

- 勉強などで覚えたことを整理して脳に記憶として残してくれます。

- 骨を成長させるホルモンが脳からたくさん出ます。

- けがなどできずついた細胞が修復されます。

免疫　成長

ふぃ～ん……

よく眠るために

●寝る時刻を決めて行動する

なんとなくスマホをしていて、眠くなるまで待っているということでは、よい睡眠習慣をつくれません。寝る時刻を決めて、それに合わせて予定を立てます。

●スマホやゲームは、寝る前にはやらない

スマホやゲーム機から出るブルーライトは、脳に働きかけて体内時計を乱すことが、わかっています。寝る直前まで使っていると、眠くなりにくくなります。

●寝るときは部屋を暗くする

脳をしっかり休ませるためにも、寝るときは部屋を暗くするとぐっすり眠れます。

●朝の光を浴び、日中は体を動かす

　朝の光には、体内時計をリセットする働きや、気持ちを明るくする効果があります。起きたらすぐにカーテンを開けて朝の光を浴びましょう。そして、日中に体を動かしてほどよくつかれると、夜眠りやすくなります。

●休日も同じリズムで生活する

　休みの日だからといって、朝、ふだんよりもおそくまで眠っていると生活リズムが乱れます。平日と休日の睡眠時間の差は1時間までにしましょう。

2. 食べること
〜健康な体づくり〜

朝、昼、夜3食を決まった時間に食べよう

　毎日、元気ですごすためには、食事からとるエネルギーがとても大切です。朝ごはんから始まる1日の食事によって体のリズムも整います。そして適度(てきど)な運動や十分な睡眠(すいみん)とあわせながら、昼食、夕食と決まった時間に食事をするという習慣(しゅうかん)を、子どものときから身につけていくことで、病気に負けない健康な体をつくることができます。

　　　朝ごはんを
　しっかり食べると
体と脳(のう)のスイッチが
　　　入ります

食生活で大切なこと

● 毎日元気ですごすためにも、主食、主菜、副菜、汁物をそろえて、栄養バランスをとって食べましょう。

● 1日3回の食事をとることで、体や脳の働きを活発にして、よい生活リズムがつくられます。できるだけ決まった時間にとりましょう。

● よくかんで食べることは、脳を活性化して消化、吸収を助けます。肥満やむし歯の予防にもつながります。

● 食事は料理のみた目や香り、会話を楽しむことができる時間です。家族で楽しく食べましょう。

よく　かんで

なるほど……

健康な体をつくる食生活

こんな工夫をしてみよう

●食品と栄養素を知る

いろいろな食品を組み合わせて食べることで、体に必要な栄養素のバランスをとることができます。5つの栄養素を覚えて、バランスよく食べるようにしましょう。

5大栄養素を多くふくむ食品と働き

炭水化物	脂質	たんぱく質	無機質	ビタミン
米、パン、めん、いも、砂糖など	油、バター、マヨネーズなど	魚、肉、卵、豆、豆製品など	牛乳、乳製品、小魚、海藻など	野菜、果物、きのこなど

エネルギーになる	体をつくる	体の調子をととのえる

●朝ごはんを食べる

　食事は、体温を上げて、体や脳の働きを活発にし、成長期の体をつくります。特に、朝食をしっかりとると、授業へのやる気と集中力が出てよいことがいっぱいです。

●スマホやゲームはオフにして、ながら食べをしない

　毎日ではなくても、家族がいっしょにすごせる機会となるのが食事の時間です。スマホもゲーム機も電源オフにして、会話をして楽しく食事をしましょう。

　ながら食べは、かむ回数を減らしたり、食べたものをわすれたり、肥満の原因になったりするという報告もあります。ひとりの食事でも、スマホやゲームをしないで、食べることに集中しましょう。大人のスマホも電源オフが基本です。

3. 体を動かす こと ～運動と遊び～

外遊びや運動をしていますか？

　運動には、健康を維持し、体力をつけるほか、競争する、自然に親しむ、感情を表現するなどの楽しさがあります。体を動かして遊ぶ、運動をすることは、体と心の成長、発達にとても大切です。そして、運動をすると、脳の働きにもよい影響をあたえ、気分転かんができるのです。

　しかし、年々、スマホやゲーム機の使用時間が多くなり、運動をする時間が少なくなってきている人が増えています。時間や環境（運動や遊びの場所）がない人もいるかもしれませんが、時間や機会をつくり、体を動かす工夫をしましょう。

公園に集まって
ゲームをしている人
いませんか？

運動の効果

- 日中、屋外で運動や遊びをすることで、夜にメラトニンというホルモンが十分に出て、早く眠くなり、ぐっすり眠れます。

- 適度につかれておなかがすき、おいしく食事がとれます。

- 思いっきり体を動かすと、気分が和らぎ、スッキリします。

- 遠くや、動くもの、奥行きを見ながら目を使うので、目の機能を育てます。

- 血液の流れがよくなり、免疫力が高くなります。また肩こりや冷え性、肥満なども予防できます。

- 適度な運動は、骨や筋肉、内臓を強くして、体力もつきます。

いいことが
いっぱいね

117

少しでも体を動かすために

●自分に合う運動をみつけて、やってみよう

1. 運動が苦手でも、遊具を使ったり、おにごっこをしたりして体を動かす
2. クラブや部活動で運動部を選ぶ
3. 積極的に地域の行事などに参加する
4. ネットを使って、できそうな運動（方法、動画）を検索する
5. 家のお手伝いなど、生活の中で体を動かす

検索した方法や動画は、家族や友達といっしょにみながら、楽しくやってみましょう

検索するときの注意点

信頼できるページを閲覧しよう。たとえば、

・**子供の運動あそび応援サイト**（スポーツ庁）

・**子供の体力向上ホームページ**

（日本レクリエーション協会）

などに簡単な運動方法が紹介されています。
子ども向けのメニューをスポーツ選手が教えてくれる動画もおすすめです。

 画面が小さいスマホよりも、パソコンやタブレットで探そう！

オンライン授業の受け方

【タブレットやパソコンを使うとき】

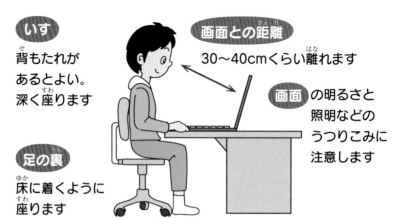

いす
背もたれが
あるとよい。
深く座ります

画面との距離
30〜40cmくらい離れます

画面の明るさと
照明などの
うつりこみに
注意します

足の裏
床に着くように
座ります

姿勢 に注意します

猫背に
ならないように！

机の上はきれいに

目の異常や肩こり、頭痛などを感じたら、家の人に相談します。環境を整えたり、ゆっくり休んだりすることが大切です。

授業視聴のポイント

家で授業が受けられる「オンライン授業」が増えてきました。タイプ別のポイントを覚えておきましょう。

同じ時間（リアルタイム）授業 のとき

授業を受ける人全員が同時にオンラインにアクセスします。送る側、受ける側両方でやりとりができます。

長時間続くとつかれることがあります。休み時間が入るときには、ゲームやスマホを触らないで、しっかり休みましょう。

動画視聴（録画視聴）授業 のとき

先生たちが事前にアップしておいた動画や資料などに、授業を受ける人が個別にアクセスし、個別に学びます。一時停止機能などが使えるので、休けい時間などの時間配分を自分で調整できます。ダラダラと続けないで、時間を決めて受けましょう。

4. 学ぶこと
〜知識を得て考える力を〜

いろいろなことに興味を持とう

スマホやパソコンを使って、いつでも、どこでもいろいろな情報が受け取れるインターネットの世界はとても便利です。インターネットが広がるにつれて、本や新聞を読まない、テレビも見ないという人が多くなっています。ネットで好きなものだけを限定して見続けてしまうのです。

自分の好きなものをしぼって追求することも大切ですが、社会人になるまでの間には、視野を広げ、できるだけ多くの人や情報、分野のことに触れ、知識を得ることがとても重要です。豊富な知識で考えることができる人は、発想が豊かでおもしろいアイデアを出していけます。そして、チャンスを生かしてピンチに負けない力をつけられたり、物事の先を読み、的確な判断力と行動力につながったりすることもあり、社会に出たときに役に立ちます。

本を読もう

学校や地域の図書館へ行って、興味のある本を手に取り、読んでみましょう。図書館の本は内容や種類によって分類されているので、興味のあることを分類表にそって探すことができます。

0類	1類	2類	3類	4類
総記・図書館・調べる本・百科事典など	哲学・宗教・占い・道徳	歴史・地理・伝記	社会のしくみ・昔話	自然科学・理科・算数
5類	**6類**	**7類**	**8類**	**9類**
技術・工業・家庭	産業・交通・通信	芸術・スポーツ	日本や外国の言葉	文学・詩・物語など

新しい世界がみつかるかも？

将来の夢がみつかるかも？

物知り博士になれるかも？

授業や勉強がおもしろくなるかも？

本、読んでみようかな

学びを充実させるために

●なんでもネットだけで探さない

　スマホやパソコンを使って、いつでも、どこでもいろいろな情報が受け取れるインターネットの世界はとても便利です。ネット上には、正しい情報もありますが、まちがった情報もあります。信頼できる発信元かを確かめたり、情報がかたよらないように本や雑誌、新聞などで調べたり、先生や先輩、友達に聞いてみたりすることも大切です。

本で調べる

人に聞く、教えてもらう

●本をたくさん読もう

　読書は、国語力や考える力、感じる力、想像する力、表現する力などを育て、楽しみながら知識を得ることができます。心に残る本、一生の支えとなる言葉に出合えるかもしれません。読書の時間も大切に。

●自然を見て、感じてみよう

インターネットで検索をすれば、写真も動画も説明も出てきますが、実際に目で見て、触ったり聞いたりして、五感で感じるものとはちがいます。草木や花、虫など実際に見られる自然をを訪れ、体験を通して感じてみましょう。

●美術館、博物館などへ行く

家庭や、学校だけではみることができない作品、文化に触れ、知ることができ、世界が広がります。

学ぶ方法は
いろいろ
ありますよ

動画サイトを使用して
知識を広げよう！
〜おすすめの使い方、調べ方〜

　宿題などの調べ物や、休校のときの学習でインターネットを使うことがあります。目的などをはっきりさせておくと、上手に使うことができます。

１．目的は？

　調べたいこと、見たい分野やキーワードを決め、動画で調べる、動画をみながらいっしょに作業・運動をするなど、使う目的をはっきりさせます。目的がはっきりしないと、ネットサーフィンにはまって時間をむだに使ってしまいます。

２．時間計画は？

　調べる時間、考える時間、動画をみる時間を決めます。

POINT

＊信頼できるサイトを参考に

＊動画などで成功例をみて学ぶ

126

動画の活用方法

　映像でみることで手順や動きがわかってイメージしやすく、実際に取り組むことができるものも多くあります。

127

5. 自分を 大切にする

自分を大切にしていますか？

　スマホやゲーム機と向き合う時間が多いと、家族や友達などとの関わりがなくなったり、自分のことをじっくり考える時間が少なくなったりしてしまいます。

　大人になるまでの間に、いろいろなことを吸収し、自分の未来に向けて目標や計画を立てていく子どものときは、貴重な時間です。

　貴重な時間なのに、ひまだといって、スマホやゲーム機ばかりに向き合うことのないようにしましょう。

> ゲームやSNSをする時間が、大切な時間をうばっていませんか？

目的を持って行動しよう

● 将来の夢を描いて、やること、やるべきこと、やりたいことを書き出して、予定を立てて行動しましょう。

● オンラインゲームやSNSなどは、時間を決めて使います。

● 5年後、10年後は、なにをしているかな？ なにをしていたいかな？と考えてみましょう。

わたしの夢は……

自分を大切にするために

●ネットの使い方に注意する

　インターネットは顔のみえないやりとりがほとんどです。画面の向こうには人がいて、きずつける場合も、自分がきずつく場合もあります。いろいろなことを考えて行動しましょう。

悪いことに子どもを巻きこもうとするサイトもあります。注意しましょう。

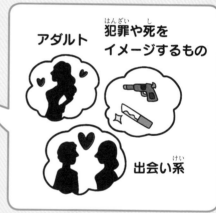

アダルト

犯罪や死をイメージするもの

出会い系

自分がされていやなこと、個人情報の流出につながることは絶対に入力、投稿しない。

・悪口や誤解されやすい言葉
・個人情報
・思いついたままの感情など

投稿する前に必ず確認します

● SNS などでいやな思いをしたり、つかれたりしたら、しばらくやめる

　小中学生に多いスマホトラブルは SNS です。LINE 外しなどのいじめにつながる大きな問題もありますが、日々のこまかいやりとりが、めんどうくさいという人も増えています。スマホの操作でいやな思いをしたりつかれたりしたら、体と心をこわさないようにしばらくやめましょう。

● 知らない人とやりとりをしない

　会ったことがない、ネット上で知り合った人の情報はつくられていることが多いものです。名前、性別、年齢、住所などをこちら側に合わせている可能性もあります。やりとりも、会うことも危険があります。

SNS などでみたり、読んだりした他人と自分を比べない。

131

さくいん

132

あとがき

　この本を読んで、ネットゲームやスマホの使い方について
どう感じましたか？「明日から、ちょっとでも時間に気をつ
けてみよう」「目を大事にする使い方をしてみよう」「ながら
スマホに気をつけよう！」って思ってくれたらとてもうれし
いです。

　ゲームやスマホをやりすぎていると、家族から注意されて、
「うるさいなぁ!!」「なんでよ！」「そんなにやっていない！」
など、気分が悪くなってしまうこともあるかもしれませんが、
それは、あなたの時間の使い方や睡眠時間、体と心の健康を
心配しているからです。

　最近では、ゲームに依存しすぎて、やるべきことができな
かったり、学校や会社に行かない、行かれない、朝起きて夜
眠るというふつうの生活を送れなくなったりしてしまう状態
は、「ゲーム障害」という病気であると、WHO（世界保健機関）
で認定されました。ひどくなると、病院で入院して治療を受
けることになります。そのような、病気にならないためにも、
使い方はとても重要です。

　ネットやスマホは、とても便利です。連絡をとるとき、な
にかを調べるときに欠かせず、買い物もできるなど、生活の
必需品になっています。これからも身のまわりには、新しい
便利な道具が出現して来るでしょう。自分の生活が乱れるよ
うな使い方はしないように、ときどきこの本を読み返して、
目的と時間を決めて上手に使ってください。

監修者紹介

吉村小児科　院長　**内海裕美**

【略歴】1980 年東京女子医科大学医学部卒業。同年、東京女子医科大学小児科学教室に入局。1987 年同教室を退局後、スウェーデン、ストックホルム市で子育てに専念。1988 年東京女子医科大学小児科学教室研究生。東京女子医大病院、愛育病院などの外来診療に従事。1990 年医学博士号取得。1997 年吉村小児科（東京都 文京区）開業。地域で毎月 1 回子育て支援セミナーを開催、絵本の読み聞かせ活動をしている。

【主な監著書】『子どもの病気百科』、『子どもが危ない！スマホ社会の落とし穴』共著（少年写真新聞社）、『災害ストレスから子どもの心を守る本』（河出書房新社）ほか

健康ハッピーシリーズ

上手に使って病気を防ごう！ スマホとゲーム障害

2020 年 8 月 20 日	初　版	第 1 刷発行
2023 年 9 月 15 日		第 3 刷発行

監　修　内海 裕美

発行人　松本 恒

発行所　株式会社 少年写真新聞社
　　　　〒102-8232
　　　　東京都千代田区九段南 3-9-14
　　　　TEL 03-3264-2624　FAX 03-5276-7785
　　　　URL https://www.schoolpress.co.jp/

印刷所　図書印刷株式会社

©Shonen Shashin Shimbunsha 2020 Printed in Japan
ISBN978-4-87981-706-8　C8037 NDC498

スタッフ　編集：大石 里美　DTP：武蔵 めぐ美　校正：石井 理抄子　表紙・イラスト：吉田 一裕
　　　　　カバーデザイン：吉田 一裕、小野寺 清　編集長：野本 雅央

本書の訂正・更新情報を、弊社ホームページに掲載しています。
https://www.schoolpress.co.jp/「少年写真新聞社 本の情報更新」で検索してください。